의 마음

1-1주 만나서 반가워

사랑은 여기 있으니
우리가 하나님을 사랑한 것이 아니요
하나님이 우리를 사랑하사
우리 죄를 속하기 위하여 화목제물로
그 아들을 보내셨음이라
(요한1서 4:10)

• 공동 기도문 •

예수님,
마음 배움터에 왔어요.

좋은 날, 좋은 곳에서
마음 따뜻한 선생님과
멋진 친구들을 만났어요.

하나님과 우리,
우리와 이웃을 '통'하게
해 주신 예수님, 감사해요.

예수님이 '통'하게 하신
십자가의 길을 따라
하나님과 화목하고
이웃과 화목한 어린이가
되겠습니다.

예수님의 이름으로
기도합니다. 아멘.

서약서

• 어린이 •

약속해요!

1. 하루에 한 번 〈마음 배움〉의 선생님과 친구들을 위해 기도하겠습니다.
2. 시간을 잘 지키겠습니다.
3. 결석하지 않겠습니다.
4. 선생님과 친구들의 비밀을 지켜 주겠습니다.

년 월 일

이름 ________________ (사인)

• 선생님 •

약속합니다.

1. 하루에 한 번 이상 〈마음 배움〉의 어린이들을 위해 기도하겠습니다.
2. 시간을 잘 지키겠습니다.
3. 결석하지 않겠습니다.
4. 어린이들의 마음과 비밀을 지켜 주겠습니다.

년 월 일

이름 ________________ (사인)

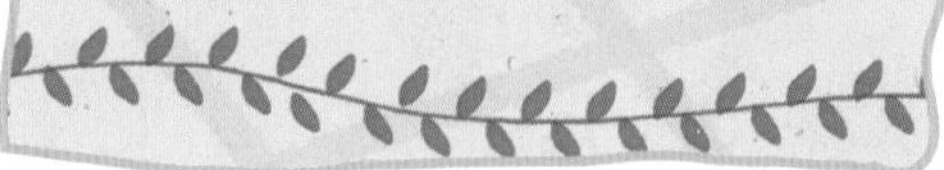

마음노트 활용법

1. 먼저 날짜를 써요.
2. 그날의 마음 상태를 날씨로 표현해요.
3. 예수님께 말하듯 있었던 일들과 그 일에 대한 자신의 감정을 쓰면 끝!

• 예 •

날짜 : 0000년 00월 00일 0요일　　마음 날씨 : 맑음

예수님!
오늘 제 마음은 맑았어요.
오랜만에 날씨가 좋아서 그런 거였을까요?
특별한 일이 있었던 건 아닌데 괜히 기분이 좋더라고요.

날짜 : 0000년 00월 00일 0요일　　마음 날씨 : 찌뿌듯 흐림

예수님!
오늘 제 마음은 종일 흐렸어요.
시험도 망치고, 친구랑 다투고, 엄마한테 혼나고…
어떻게 이런 날이 있을 수 있죠?
정말 화나고 짜증나는 날이었어요.
그래서 엄마한테 버럭 소리를 지르고 말았어요.
내가 얼마나 힘들었는지도 몰라주고, 혼만 내는 엄마가 미웠어요.
엄마한테 미안하긴 한데 어떻게 해야 할지 모르겠어요.
아직 화도 안 풀렸고요. 예수님! 어떻게 하면 좋을까요?

1-2주 내 모습 그대로 괜찮아

어린 아이들이 내게 오는 것을 용납하고 금하지 말라
하나님의 나라가 이런 자의 것이니라 내가 진실로 너희에게 이르노니
누구든지 하나님의 나라를 어린 아이와 같이 받아들이지 않는 자는
결단코 거기 들어가지 못하리라 하시니라
(누가복음 18:16~17)

• 공동 기도문 •

더 잘해야 해
더 완벽해야 해
더 예뻐야 해
더 좋은 생각을 해야지
어른들은 말하지만

아니야, 아니야
지금도 괜찮아
못해도 괜찮아
네 슬픈 마음도
네 기쁜 마음도 소중해
예수님은 말씀해 주십니다.

나를 있는 모습 그대로
나의 부족한 모습까지도
사랑해 주시는 예수님,
감사해요. 사랑해요.

예수님의 이름으로
기도합니다. 아멘.

나에게 나를 소개합니다

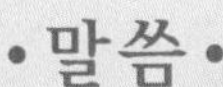

• 말씀 •

하나님이 세상을 이처럼 사랑하사
독생자를 주셨으니
이는 그를 믿는 자마다 멸망하지 않고
영생을 얻게 하려 하심이라
(요한복음 3:16)

사진을 붙이세요

______에 재미있는 꾸밈말을 넣어 채워 보세요.

"나 ____________ 는/은 하나님을 닮았어요."

"나 ____________ 는/은 하나님의 놀라운 사랑을 받는 어린이예요."

예수님이 증인이시죠.

____________ 아/야, 반가워! 지금부터 나의 이야기를 들려줄게.

나는 ______ 년 _____ 월 _____ 일에 태어났어. _____ 살, _____ 학년이지.

나에겐 _____ 명의 가족이 있어.

나의 가족은 ____

____ 야.

내가 좋아하는 반찬에는 ________________ 이런 게 있고,

내가 좋아하는 간식에는 ________________ 이런 게 있지.

난 ____________ 게임을 좋아하고, ____________ TV 프로그램을 좋아해.

좋아하는 연예인은 ____________ 고, 존경하는 사람은 ____________ 야.

내 취미는 ____________ 고, 나에겐 ____________ 하는 버릇이 있어.

나는 공부하는 걸 좋아해/싫어해. (* 마음에 드는 말에 동그라미)

내가 특별히 좋아하는 과목은 ____________ 고, 잘하는 과목은 ____________ 야.

나는 ____________ 에 관심이 많아서, 앞으로 ____________ 을/를 해 보고 싶어.

내 성격은 이런 편이야. (* 자신의 성격을 잘 표현해 주는 단어에 동그라미)

느긋한 / 급한 / 상상력이 풍부한 / 현실적인 / 외향적인 / 내성적인 / 사람을 좋아하는 / 동물을 좋아하는 / 규칙적인 / 즉흥적인 / 신중한 / 계획적인 / 앞장서는 / 뒤에서 도와주는 / 순응적인 / 끈질긴 / 변화를 즐기는 / 진지한 / 재미있는 / 모험을 좋아하는 / 낙천적인 / 분석적인 / 창의적인 / 결정을 잘하는 / 조심스러운 / 경쟁심이 강한 / 충돌을 피하는 / 성실한 / 배려하는 / 인내심 강한 / 관대한 / 정확한 / 민감한 / 다정한 / 쾌활한

등 + ______________

난 ______________________________ (이런 순간이) 즐겁고, 행복해.
정말 기쁠 땐 (이렇게 하지) ______________________________.
난 ______________________________ 땐 화가 나고,
화가 나면 (이렇게 해) ______________________________.

나에겐 __________ 이런 장점(강점)이 있고, __________ 이런 단점(약점)이 있어.
하나님이 나를 사랑하신대, 내 모습 그대로를.
그래서 나도 오늘부터(_____ 년 ____ 월 ____ 일) 내 모습 그대로를 즐거워할 생각이야.

나를 닮은 색이에요

"색종이로 하트를 접어 붙이세요."

1-3주 그저 다른 것뿐이야

철이 철을 날카롭게 하는 것 같이
사람이 그의 친구의 얼굴을
빛나게 하느니라
(잠언 27:17)

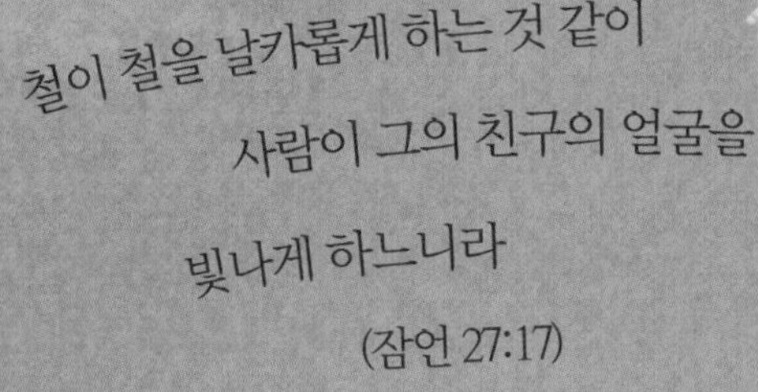

• 공동 기도문 •

빨주노초파남보 무지개처럼
우리를 다양한 모습으로
만드시고

닮은 듯 다른 친구를 주셔서
함께 웃고 울게 하시며

서로 사랑해라
서로 감사해라
말씀하시는 예수님

우리의 닮음과 다름이
서로의 얼굴을 빛나게
할 수 있음을 기억하며
친구들과 잘 지낼 수 있게
도와주세요.

예수님의 이름으로
기도합니다. 아멘.

친구 관계도 그리기

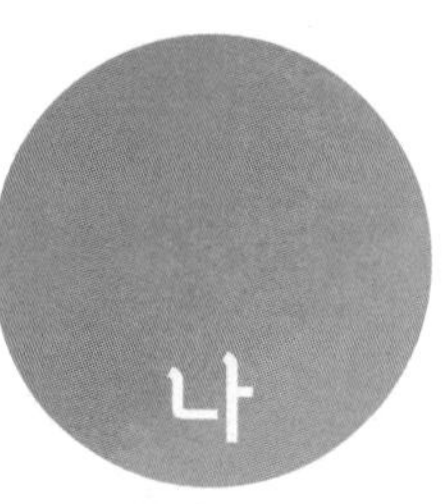

그리는 방법

1) 먼저 친구를 떠올리고, 그 친구와 어울릴 만한 도형을 그린 후, 그 안에 친구의 이름을 써 주세요.

2) 나의 이름과 친구의 이름을 연결해 주세요.
   - 굵은 선 : 자주 만나 많은 이야기를 나누는 친구
   - 보통 선 : 자주 만나지 못하지만 친한 친구
   - 지그재그 선 : 만나기만 하면 티격태격하며 노는 친구
   - 점선 : 앞으로 친해지고 싶은 친구

3) 연결선 근처에 친구와 닮은 점 1~3가지를 간단히 쓰세요.

4) 연결선 반대쪽에 친구와 다른 점 1~3가지를 간단히 쓰세요.

우리만의 무지개

"우리만의 무지개를 만들고, 그 앞에서 찍은 사진을 붙이세요."

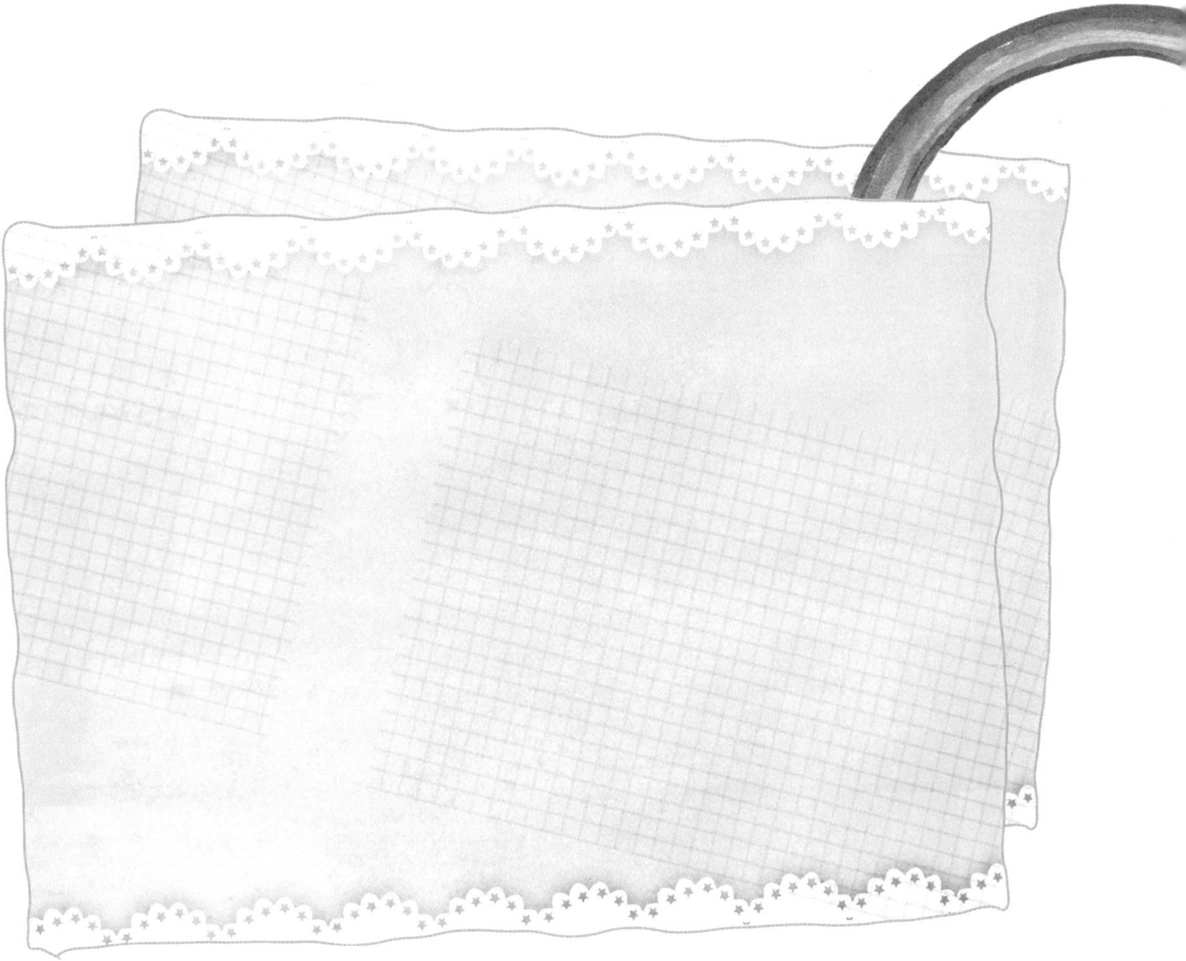

1-4주 나와 너, 우리 모두가 소중해

우리는 그가 만드신 바라 그리스도 예수 안에서
선한 일을 위하여 지으심을 받은 자니 이 일은 하나님이
전에 예비하사 우리로 그 가운데서 행하게 하려 하심이니라
(에베소서 2:10)

• 공동 기도문 •

예수님,
친구들과 함께 깔깔 웃을 때
행복 에너지가
콸콸 쏟아져요.

때로 쿵쾅쿵쾅
갈등도 있지만
금방 잊고 까르르
웃게 돼요.

우리의 닮음과 다름으로
장점과 단점으로
멋진 세상을 이뤄가는
하나님의 자녀 되게
해 주세요.

예수님의 이름으로
기도합니다. 아멘.

1-5주 우리 가족은요

• 공동 기도문 •

우당탕탕, 알콩달콩,
도란도란, 시끌벅적,
우리 가족이에요.

예수님,
우리의 가정이
사랑, 돌봄, 평화가 넘치는
작은 천국이 될 수 있게
도와주세요.

다정한 마음과
향기 나는 행동으로
서로를 따뜻하게 안아 주는
행복한 곳이 되게
도와주세요.

예수님의 이름으로
기도합니다. 아멘.

자녀들아 주 안에서 너희 부모에게 순종하라
이것이 옳으니라 네 아버지와 어머니를 공경하라
이것은 약속이 있는 첫 계명이니
이로써 네가 잘되고 땅에서 장수하리라
또 아비들아 너희 자녀를 노엽게 하지 말고
오직 주의 교훈과 훈계로 양육하라
(에베소서 6:1~4)

우리 가족이에요

"가족을 그려 보세요."

1-6주 귀를 기울여요

내 사랑하는 형제들아 너희가 알지니 사람마다 듣기는 속히 하고
말하기는 더디 하며 성내기도 더디 하라
(야고보서 1:19)

• 공동 기도문 •

예수님!
좋은 대화는
잘 듣는 데서 시작된대요.
그런데 듣기가
어렵더라고요.

하지만
가족과 친구들에게
'잘 듣기' 선물을
하고 싶어요.

예수님이 도와주세요.
늘 우리의 기도를
잘 들어주시는
예수님의 이름으로
기도합니다. 아멘.

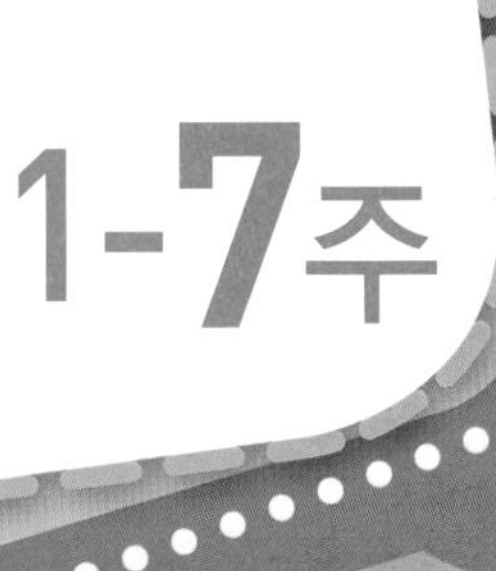

1-7주 유순한 말! 과격한 말!

유순한 대답은 분노를 쉬게 하여도
과격한 말은 노를 격동하느니라
(잠언 15:1)

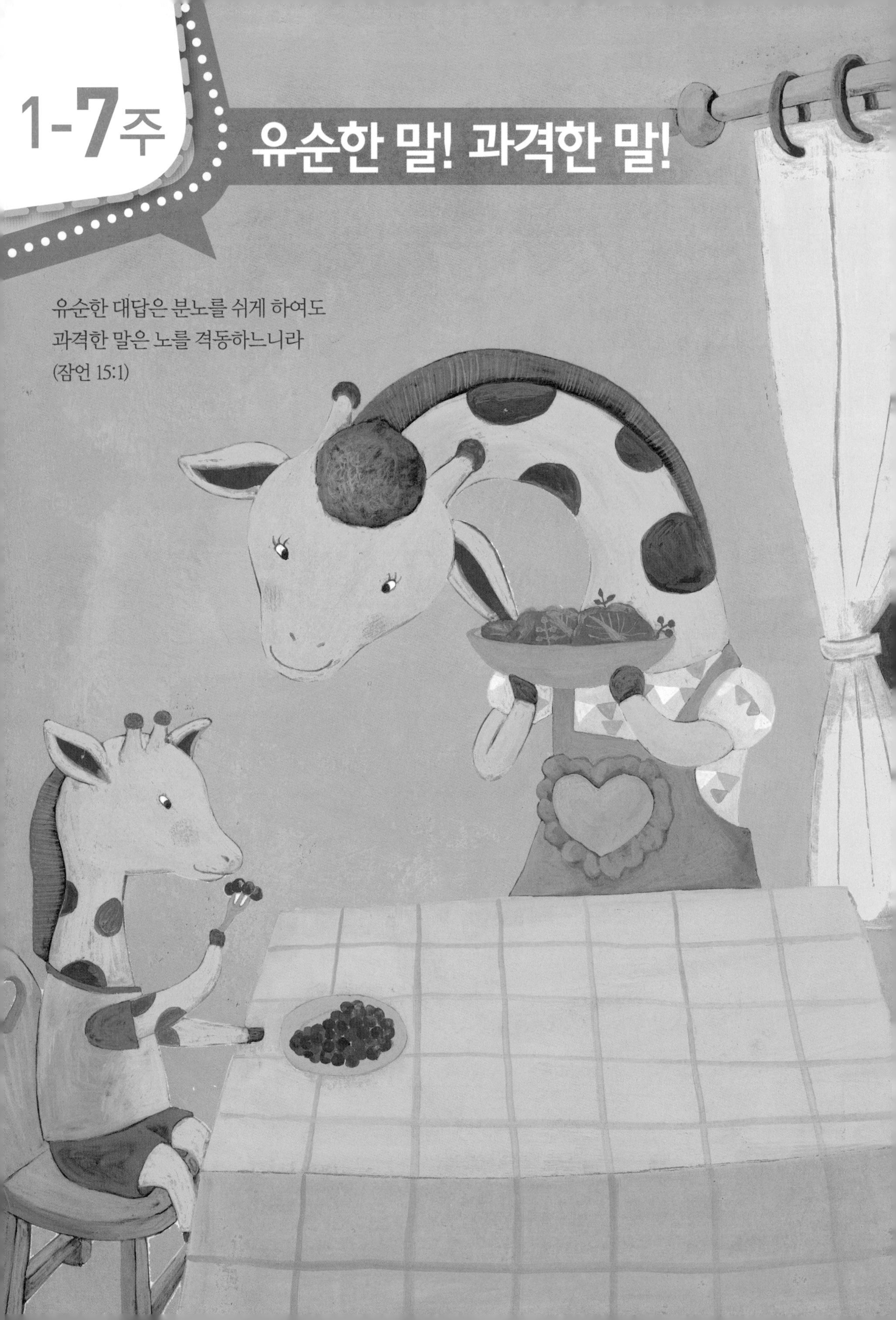

• 공동 기도문 •

기린은 유순한 말
자칼은 과격한 말

기린은 강해서 평화롭고
자칼은 겁이 많아
공격적인가 봐요.

예수님!
마음은 강하지만
말과 행동은 부드러운
하나님의 어린이가
될 수 있게 도와주세요.

예수님의 이름으로
기도합니다. 아멘.

1-8주 우리는 '통'하였습니다

그러나 너희는 택하신 족속이요 왕 같은 제사장들이요
거룩한 나라요 그의 소유가 된 백성이니
이는 너희를 어두운 데서 불러 내어
그의 기이한 빛에 들어가게 하신 이의 아름다운 덕을
선포하게 하려 하심이라
(베드로전서 2:9)

• 공동 기도문 •
예수님!
저희는 8주 동안 '통'하고,
'통'하며 자랐습니다.
예수님과 '통'하고
친구와 '통'하고
가족과 '통'하고 선생님과
'통'하며 더 자라게 하시고
하나님에게뿐 아니라
사람들에게도 빛나는
그 빛으로 세상을 밝고
따뜻하게 물들이는
어린이가 되게 해 주세요.
하나님, 예수님, 성령님께
진심으로 감사드리고,
사랑을 고백합니다.
예수님의 이름으로
기도합니다. 아멘.

침묵하며 이어 만든 작품이에요.

사진을 붙이세요

대화하며 이어 만든 작품이에요.

사진을 붙이세요

난 이야, 나를 축복해 줘!

2-1주 예수님의 이름으로

모든 지킬 만한 것 중에 더욱 네 마음을 지키라
생명의 근원이 이에서 남이니라
(잠언 4:23)

• 공동 기도문 •

예수님,
마음의 눈이 어두우면
세상도 어두워 보이고
마음의 눈이 밝으면
세상도 밝아 보인대요.

예수님,
예수님의 이름으로
우리 마음의 눈을
밝혀 주세요.

예수님,
우리 모두가
예수님이 가신 길을 따라
마음의 눈을 밝혀갈 때
서로에게 힘이 되게
해 주세요.

예수님의 이름으로
기도합니다. 아멘.

내가 좋아하는 [　　　　] 에 관한 연구 보고서

작성일 :　　　년　　월　　일

작성자 :

좋아하는 것의 이름	
무엇인가요? (종류 등)	
생김새나 빛깔은?	
언제부터 좋아했나요?	
좋아하는 이유는?	

예수님의 이름으로 마음의 눈을 밝혀요

사진을 붙이세요

2-2주 사랑 안에

유월절 전에 예수께서 자기가 세상을 떠나
아버지께로 돌아가실 때가 이른 줄 아시고
세상에 있는 자기 사람들을 사랑하시되
끝까지 사랑하시니라
(요한복음 13:1)

• 공동 기도문 •

사랑이신 하나님,
사랑비를 내려 주셔서
감사해요.

사랑이 어떠한 모양으로 내리든
우리와 우리의 미래를 위하는
진실한 사랑을
찾을 수 있게 해 주세요.

때로 사랑이 느껴지지 않을 땐
사랑이신 하나님을 향한 믿음으로
어두운 마음을 힘껏
던져 버리게 해 주세요.

사랑이신 하나님,
우리를 사랑으로 지으시고
사랑 안에서 자라게
해 주셔서 감사해요.

예수님의 이름으로
기도합니다. 아멘.

사랑빗속을 걸어요

하나님이 우리를 사랑하시는 사랑을 우리가 알고 믿었노니
하나님은 사랑이시라
사랑 안에 거하는 자는 하나님 안에 거하고
하나님도 그의 안에 거하시느니라
(요한1서 4:16)

사랑빛속에서 찾은 하트

"사랑빛속에서 선택한 하트를 붙이세요."

2-3주 회개를 생각합니다

아들이 이르되
아버지 내가 하늘과 아버지께 죄를 지었사오니
지금부터는 아버지의 아들이라 일컬음을 감당하지
못하겠나이다 하나 … 이 내 아들은 죽었다가
다시 살아났으며 내가 잃었다가 다시 얻었노라 하니
그들이 즐거워하더라
(누가복음 15:21, 24)

• 공동 기도문 •

우리를 향한 극진한 사랑을
보여 주신 하나님,

예수님을 구주로 영접하고
아버지와 함께하는
새로운 삶을 시작했지만,
여전히 하나님의 자녀답지
못할 때가 많아요.

그럼에도 "넌 나의 기쁨이
야."라고 말씀해 주셔서
감사해요.

우리가 죄인일 때
우리를 사랑으로 품어 주신
예수님을 기억하며
우리 안에 있는 나쁜 마음과
그릇된 행동을 멈추겠어요.
예수님만이 우리를 죄에서
자유롭게 하실 수 있음을
믿어요.

예수님의 이름으로
기도합니다. 아멘.

비유로 극 만들기

• 잃은 아들을 되찾은 아버지 •

극본

본 극은 ______________________ 시대를 살았던 두 아들을 가진 어떤 아버지의 사랑 이야기입니다.

장면 1. 어느 날 둘째 아들이 찾아와 아버지의 재산 중 자신에게 상속될 재산을 달라고 한다.

아버지 :

둘째 아들 :

아버지 :

둘째 아들 :

아버지 :

둘째 아들 :

장면 2. 둘째 아들은 모든 재물을 들고 먼 나라로 간다.

둘째 아들 :

장면 3. 아버지는 오매불망(자나 깨나 잊지 못함) 떠난 둘째 아들을 기다린다.

아버지 :

장면 4. 모든 재물을 탕진하고 궁핍해진 둘째 아들은 아버지를 생각한다.

둘째 아들 :

장면 5. 떠난 아들을 손꼽아 기다리던 아버지는 드디어 저 멀리서 걸어오는 아들을 발견한다.

아버지 :

둘째 아들 :

아버지 :

둘째 아들 :

2-4주 비교할 수 없어요

거기서 네피림 후손인 아낙 자손의 거인들을 보았나니
우리는 스스로 보기에도 메뚜기 같으니
그들이 보기에도 그와 같았을 것이니라
(민수기 13:33)

• 공동 기도문 •

하나님,
우리를 창조해 주셔서 감사해요.
우리를 구원해 주셔서 감사해요.
우리를 사랑해 주셔서 감사해요.

하나님이 만드신 유일한 '나'
하나님이 만드신 유일한 '너'
유일해서 더 귀한 '나'와 '너'

비교하는 마음은 버리고
하나님의 말씀으로 마음을 채우며
밝고 맑은 마음으로
하나님을 예배하는 어린이가
되겠습니다.

예수님의 이름으로 기도합니다.
아멘.

하나님의 말씀

하나님이 자기 형상 곧
하나님의 형상대로 사람을 창조하시되
남자와 여자를 창조하시고,
하나님이 지으신 그 모든 것을 보시니
보시기에 심히 좋았더라
저녁이 되고 아침이 되니
이는 여섯째 날이니라 (창세기 1:27, 31)

여호와가 우리 하나님이신 줄
너희는 알지어다
그는 우리를 지으신 이요
우리는 그의 것이니 그의 백성이요
그의 기르시는 양이로다
(시편 100:3)

사랑은 여기 있으니
우리가 하나님을 사랑한 것이 아니요
하나님이 우리를 사랑하사
우리 죄를 속하기 위하여 화목제물로
그 아들을 보내셨음이라
(요한일서 4:10)

너의 하나님 여호와가
너의 가운데에 계시니 그는 구원을
베푸실 전능자이시라 그가 너로 말미암아
기쁨을 이기지 못하시며
너를 잠잠히 사랑하시며 너로 말미암아
즐거이 부르며 기뻐하시리라 하리라
(스바냐 3:17)

여호와는 나의 목자시니
내게 부족함이
없으리로다 (시편 23:1)

자녀들아 너희는
하나님께 속하였고 또 그들을
이기었나니 이는 너희 안에
계신 이가 세상에 있는 자보다
크심이라 (요한일서 4:4)

여호와가 너를 항상 인도하여
메마른 곳에서도 네 영혼을
만족하게 하며 네 뼈를 견고하게 하리니
너는 물 댄 동산 같겠고
물이 끊어지지 아니하는
샘 같을 것이라 (이사야 58:11)

내게
능력 주시는 자 안에서
내가 모든 것을
할 수 있느니라
(빌립보서 4:13)

사람을 두려워하면
올무에 걸리게 되거니와
여호와를 의지하는 자는
안전하리라 (잠언 29:25)

나의 영혼아 잠잠히 하나님만 바라라
무릇 나의 소망이 그로부터 나오는도다
오직 그만이 나의 반석이시요
나의 구원이시요 나의 요새이시니
내가 흔들리지 아니하리로다
(시편 62:5~6)

힘이 된 말씀을 써 보세요.

2-5주 용서로의 초대 1

너희가 각각 마음으로부터 형제를 용서하지 아니하면
나의 하늘 아버지께서도 너희에게 이와 같이 하시리라
(마태복음 18:35)

• 공동 기도문 •

예수님,
우리의 모든 죄를
용서해 주시고,
우리를 용서의 자리로
초대해 주셔서 감사해요.

예수님,
예수님의 사랑을 기억하며
우리를 아프게 한 이들을
용서합니다.

예수님,
우리의 상처를 치유해 주시고
우리의 마음을 더 건강하고
밝게 가꿔 주세요.

예수님의 이름으로
기도합니다. 아멘.

2-6주 용서로의 초대 2

누가 누구에게 불만이 있거든
서로 용납하여 피차 용서하되
주께서 너희를 용서하신 것 같이 너희도 그리하고
(골로새서 3:13)

• 공동 기도문 •

예수님,
우리를 용서해 주시고
우리의 모든 것을 용납해 주셔서
감사해요.
우리에게 서로를 용납하고
피차 용서할 수 있는 기회를
주신 것도 감사해요.

예수님,
때로는 내 잘못을 인정하는 것도 힘들고
누군가를 용서하고
용납하는 것도 힘들어요.
하지만 예수님을 생각하며 용기 낼게요.
격려하고, 응원해 주실 거죠?

우리의 모든 죄를 용서해 주시고,
우리를 모든 상처에서 자유롭게 하시는
예수님의 이름으로 기도합니다. 아멘.

암호를 풀어라!

암호는 성경책:장:절:단어의 위치입니다.

용서란?

① [마:6:12:1] [롬:5:8:3]일 때

[딛:2:14:2] [요:10:11:7]

[요:19:33:4] 예수님의

[요일:4:16:4] [살전:5:23:5]

[딤전:2:4:7] 것입니다.

② 예수님의 [롬:6:14:11]

아래 [히:4:15:4] [시:147:3:5]

[창:44:11:6] [갈:5:1:5]

[롬:3:28:5] 것입니다.

괄호를 채워라!

1. 용서의 과정

보기 | 예수님, 용서, 자유, 고백, 치유, 멈추게, 사랑

첫째, 예수님께 나아가 우리에게 일어난 일들과 그 일로 인해 갖게 된 감정을 솔직하게 (　　　　　)합니다.

둘째, 예수님의 (　　　　　)과 위로 안에서 우리를 아프게 한 사람을 용서합니다.
"○○을 용서합니다."

셋째, 예수님이 우리의 상처를 (　　　　　)하십니다.

넷째, 그 일 또는 그 사람이 생각나도 마음이 아프지 않을 때까지 (　　　　　)께 나아갑니다.

다섯째, 예수님이 우리의 상처를 낫게 하십니다.

2. 용서, 그 이후

보기 | 예수님, 용서, 자유, 고백, 치유, 멈추게, 사랑

- 그것이 과거의 일이라면 용서하고 예수님 안에서 (　　　　　)를 누립니다.
- 그것이 현재에도 반복적으로 일어나는 일이라면 용서하고,
  그 일을 (　　　　　) 합니다.
- 용서했다고 해서 반드시 그 상대와 친하게 지내야 하는 것은 아닙니다.
- 상대가 용서를 구하지 않았다면 "내가 당신을 (　　　　　)했습니다."라는 말은 하지 않습니다.

2-7주 불편한 감정 다루기

모르드개를 매달려고 한 나무에
하만을 다니 왕의 노가 그치니라
(에스더 7:10)

• 공동 기도문 •

예수님,
사랑받고, 사랑하고,
잘하고, 닮고 싶은
건강한 기대를 주셔서 감사해요.

그 기대를 따라
사랑받음에 감사하고,
사랑함에 기뻐하고,
잘함에 열심을 더하고,
닮고 싶음을 따라 성장하며
더 멋진 어른이 되게 해 주세요.

욕심을 예수님 앞에 내려놓고
두려워하는 마음,
쉽게 성내는 마음,
짜증, 우울, 불편한 감정들을
잘 다룰 수 있게 해 주세요.

예수님의 이름으로 기도합니다.
아멘.

욕심을 건강한 기대로 바꾸는 기도

사랑받고 싶어요 예수님, 제 안에 있는 욕심을 하나님이 주신 건강한 기대로 바꾸고 싶어요. 모든 사람에게 항상 사랑받을 수는 없는 건데 그러고 싶었어요. 그래서 사랑받지 못할까 봐 두려웠고, 누군가에게 거부당하는 느낌이 들면 화가 치밀었어요. 그래서 미운 말과 행동도 했어요. 용서해 주세요. 그럼에도 불구하고 저는 여전히 하나님에게 사랑스런 아이라는 걸 믿어요. 예수님의 이름으로 기도합니다. 아멘.

사랑하고 싶어요 예수님, 예수님처럼 많이 사랑하는 어린이가 되고 싶어요. 이 예쁜 마음이 욕심이 되지 않게 도와주세요. 모두에게 좋은 사람이란 칭찬을 들으려 하기보다 하루하루 예수님 안에서 진짜 괜찮은 사람이 되어갈게요. 때로는 실수도 할 거예요. 그럴 땐 실망하기보다 예수님께 받고 있는 사랑과 은혜를 기억하며 힘낼게요. 예수님의 이름으로 기도합니다. 아멘.

잘하고 싶어요 예수님, 제 안에 있는 욕심을 하나님이 주신 건강한 기대로 바꾸고 싶어요. 모든 걸 잘할 수 없다는 걸 알면서도 항상 일등만 하고 싶어요. 그래서 비교하고 질투하며 저 자신과 친구들을 힘들게 했어요. 죄송해요. 하나님이 만드신 '나', 저만의 재능을 발견하고 잘 개발해서 그것으로 세상을 섬기고 싶어요. 최고의 결과가 나오지 않는 순간에도 실망하지 않고, 잘하는 친구들을 기쁜 마음으로 칭찬해 줄 수 있는 멋진 하나님의 어린이도 되고 싶어요. 도와주세요. 예수님의 이름으로 기도합니다. 아멘.

좋아서 닮고 싶어요

예수님, 누구보다도 예수님을 사랑하고, 예수님을 닮고 싶어요. 이 바람을 마음에 꼭 새기고 싶어요. 좋아하는 사람을 닮고 싶은 욕심에 예수님이 기뻐하지 않으시는 모습까지 닮으려 하지 않도록 말이에요. 꼭 같아지려 하기보다 하나님이 입혀 주신 저만의 고운 빛깔을 잃지 않고, 좋아하는 이들의 개성 넘치는 빛깔을 존중하며 함께하는 법을 배우고 싶어요. 예수님과 함께할 수 있어서 정말 기뻐요. 감사드리며, 예수님의 이름으로 기도합니다. 아멘.

불편한 감정을 잘 다루기 위해 쓰는 일기

엄청 화가 나서 미운 말과 행동을 했거나 너무 두려워서 아무것도 하지 못할 때가 있다면 아래와 같은 방법으로 일기를 써 보세요.

날 짜	
어떤 일이 있었나요?	
어떤 감정을 느꼈나요?	
어떤 행동을 했나요?	
진짜 그랬던 이유는 뭔가요?	
욕심이나 거짓말이 있다면 건강한 생각으로 바꾸세요.	

2-8주 사랑을 세어 보아요

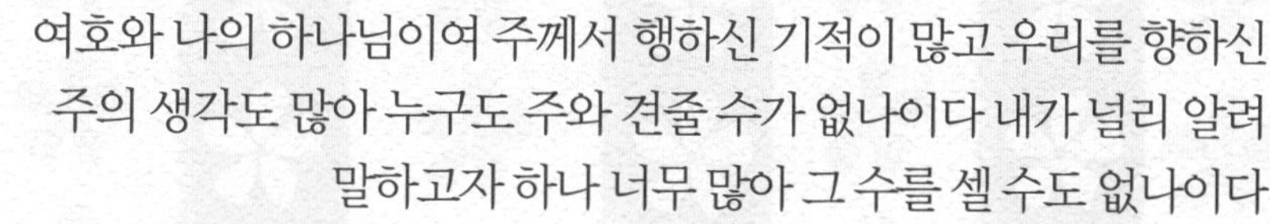

여호와 나의 하나님이여 주께서 행하신 기적이 많고 우리를 향하신
주의 생각도 많아 누구도 주와 견줄 수가 없나이다 내가 널리 알려
말하고자 하나 너무 많아 그 수를 셀 수도 없나이다
(시편 40:5)

• 공동 기도문 •

예수님,
저희를 사랑해 주셔서 감사해요.
셀 수 없을 만큼
많이 생각해 주시는 것도 감사해요.

솔직히, 때론 예수님의 사랑이 어려워요.
때론 느껴지지 않을 때도 있고요.
하지만 예수님의 사랑을 믿을 거예요.

온 땅에 충만한 하나님의 사랑
우리에게 주신 수많은 사랑을
찾을 거예요.
그리고 그 사랑을 나눌 거예요.

하나님이 주신 멋진 세상을
사랑으로 채우는 꿈을 꿀 거예요.
함께해 주실 것을 믿어요.

예수님의 이름으로 기도합니다. 아멘.

거짓말 바꾸기

거짓말	바꿈 말	말씀
1 "넌 ~~ 해서 사랑받지 못할 거야." "하나님에게도 사랑받지 못할 거야."	"아니야! 난 그럼에도 불구하고 하나님이 사랑하는 멋진 아이야! 사랑은 그럼에도 불구하고 좋아하는 감정이거든! 나를 진심으로 사랑하는 사람은 나의 단점을 불편해하지 않을 거라고!"	스티커를 붙이세요
2 "넌 ~~을 결코 할 수 없을 거야." "넌 ~~을 결코 이겨낼 수 없을 거야."	"아니야! 난 할 수 있어! 물론 시간이 필요할 수는 있겠지만, 나에겐 하나님이 주신 능력이 있다고!"	스티커를 붙이세요
3 "네가 ~~ 하면 놀림 받을 거야."	"그래, 놀림 받을 수 있어. 하지만 그건 잠깐이야. 내 실수를 죄다 기억하는 사람은 없다고. 세상에 실수하지 않는 사람은 없어. 그래서 난 놀림 받는 걸 두려워하지 않을 거야. 나에게 새 힘을 주시는 하나님만 믿을 거야."	스티커를 붙이세요
4 "이번에 ~~ 하지 못하면 끝이야."	"그렇지 않아. 나를 향한 하나님의 생각은 셀 수 없이 많아!"	스티커를 붙이세요
5 " 넌 결국 거절당할 거야." (버림받을 거야. 용서받지 못할 거야.) "넌 하나님에게도 버림받을 거야." (용서받지 못할 거야.)	"거짓말에 속지 않을 거야! 두려움은 뻥 차버리고, 지금 내가 받고 있는 사랑을 충분히 누릴 거야. 그래, 때론 거절당할 수도 있어. 하지만 두렵지 않아. 나에겐 나의 모든 것을 알고도 나를 변함없이 사랑해 주시는 하나님 아버지가 있으니까!"	스티커를 붙이세요

사랑 띠를 이어요

사진을 붙이세요

3-1주 하나님의 꿈과 나

여호와의 사자가 기드온에게 나타나 이르되
큰 용사여 여호와께서 너와 함께
계시도다 하매
(사사기 6:12)

• 공동 기도문 •

예수님,
오늘부터 꿈에 관한
이야기를 나눠요.
우리가 하나님의 꿈이래요.
제가 하나님의 꿈이래요.
심장이 콩닥콩닥 뛰어요.

예수님,
우리가 하나님의 큰 용사래요.
제가 하나님의 큰 용사래요.
싸움을 잘해야 하는 줄 알았어요.
그런데 그런 게 아니래요.

예수님,
예수님이 그러셨던 것처럼
늘 하나님이 함께하심을 믿고
하나님의 말씀에 순종하는
어린이가 될게요.
저희는 이미 하나님의 꿈이니까요.
이미 하나님의 큰 용사니까요.

예수님의 이름으로 기도합니다.
아멘.

3-2주 하나님의 꿈과 사랑

왕이여 우리가 섬기는 하나님이 계시다면
우리를 맹렬히 타는 풀무불 가운데에서 능히
건져내시겠고 왕의 손에서도 건져내시리이다

그렇게 하지 아니하실지라도 왕이여

우리가 왕의 신들을 섬기지도 아니하고

왕이 세우신 금 신상에게 절하지도

아니할 줄을 아옵소서 (다니엘 3:17~18)

• 공동 기도문 •

예수님,
오늘 무척 즐거웠어요.
하나님을 사랑하는 마음으로
이벤트를 준비했거든요.

준비하는 동안에도 행복했고,
선생님들과 함께한 순간도
행복했어요.
간식도 맛있었어요.
예수님도 즐거우셨죠?

예수님,
우리를 사랑해서 우리의 사랑을
원하시는 하나님,
우리의 작은 사랑에
더 큰 사랑을 더하시는 하나님,
이런 멋진 분을 아버지라
부를 수 있게 해 주셔서
감사해요.

예수님의 이름으로 기도합니다.
아멘.

3-3주 꿈을 주신 분 1

특별함에 대하여

예수께서 이르시되
어찌하여 나를 찾으셨나이까
내가 내 아버지 집에 있어야 될 줄을
알지 못하셨나이까
(누가복음 2:49)

• 공동 기도문 •

예수님, 저는 특별해요. 남들과 달라서 특별해요. 하나님이 특별하게 만드셨죠.

솔직히 남들과 다른 제가 별로였어요.
남들과 다른 게 부끄러웠고요. 하나님께 살짝 토라질 뻔 했죠.

예수님, 하나님이 저에겐 어떤 꿈을 주셨을까요?
궁금하고, 무척 기대돼요. 잘 찾을 수 있게 도와주세요.

예수님의 이름으로 기도합니다. 아멘.

3-4주 꿈을 주신 분 2

나에 대하여

예수께서 대답하시되
첫째는 이것이니
이스라엘아 들으라 주 곧 우리 하나님은
유일한 주시라

네 마음을 다하고 목숨을 다하고
뜻을 다하고
힘을 다하여 주 너의 하나님을
사랑하라 하신 것이요

• 공동 기도문 •

예수님,
남의 꿈이 아닌 나의 꿈을 찾고 싶어요.
하나님이 저를 만드실 때
함께 주신 꿈을 찾고 싶어요.
그 꿈 안에서 최고가 되고 싶어요.

예수님,
하나님이 주신 나의 꿈을 찾을 수 있게 도와주세요.
저도 하나님이 창조하신 나를
소중히 여기며 잘 찾아볼게요.
물론 하나님을 사랑하고 이웃을 사랑하란
예수님의 말씀도 소중히 여길 거예요.
늘 사랑하고, 감사해요.

예수님의 이름으로 기도합니다. 아멘.

둘째는 이것이니 네 이웃을 네 자신과 같이 사랑하라 하신 것이라
이보다 더 큰 계명이 없느니라 (마가복음 12:29~31)

나에 대하여

하나님 사랑 이웃 사랑	초등학생	중학생
특별해요 (남과 다른 점)		
성격이에요		
좋아해요		
잘해요		
궁금해요		
필요가 보여요		

성격을 나타내는 단어

활동적인, 예의 바른, 정확한, 유머 감각 있는, 융통성 있는, 독립심이 강한, 대담한, 모험심이 있는, 상냥한, 부지런한, 의욕적인, 논리적인, 꼼꼼한, 눈치가 빠른, 예술적인, 관대한, 조직적인, 침착한, 신중한, 성실한, 독창적인, 민주적인, 믿음직한, 느긋한, 감수성이 풍부한, 공정한, 편견이 없는, 결단력 있는, 솔직한, 강인한, 재치 있는,

고등학생	청년	나의 꿈

동정심 있는, 안정된, 정적인, 진지한, 책임감 강한, 분별력 있는, 합리적인, 사교적인, 인내심 있는, 꾸밈없는, 겸손한, 감성적인, 이성적인, 계획적인, 즉흥적인, 적극적인, 주도적인, 순종적인, 개방적인, 조용한, 말이 많은, 현실적인, 이상적인, 세심한, 외향적인, 내향적인 등

3-5주 꿈을 주신 분 3

필요에 대하여

내가 이 말을 듣고 앉아서 울고 수일 동안 슬퍼하며
하늘의 하나님 앞에 금식하며 기도하여
(느헤미야 1:4)

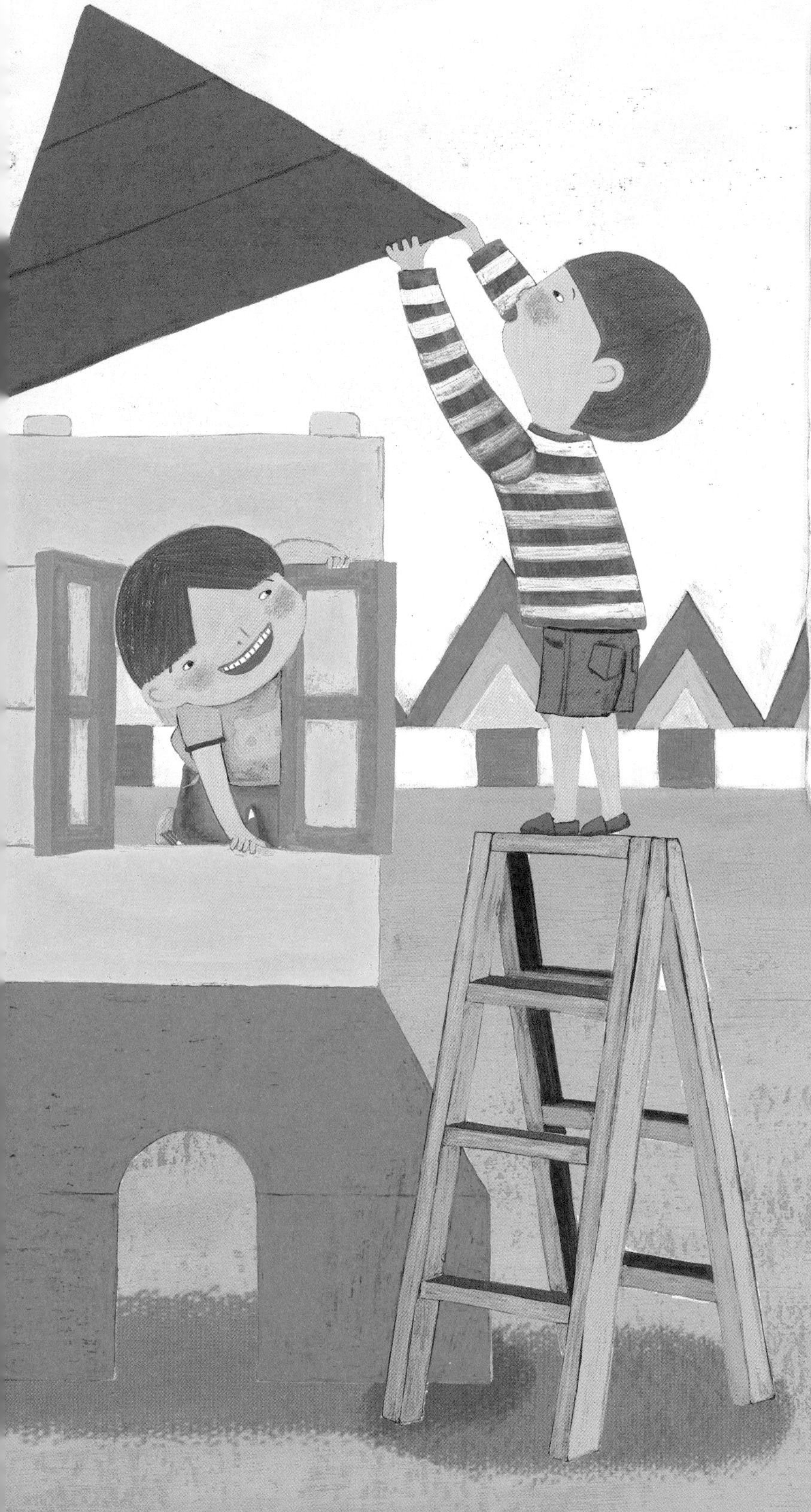

예수님!
저희에게 나라의 필요를
채울 수 있는
기회를 주셔서 감사해요.

하나님과 함께
꿈을 꾸고 기도하며
하나님의 사랑을
흘려보낼 수 있다는 게
무척 기쁘고 감사해요.

하나님이 주신 모든 것을
특별하고 감사하게 여기며
멋진 꿈을 꾸는
어린이가 될게요.

예수님의 이름으로
기도합니다. 아멘.

우리의 기도와 꿈을 필요로 하는 영역들

가정
결혼 문화,
가족 관계,
어린이와 노인 등

경제
금융, 기업,
농수산업, 기술,
교통과 통신 등

교육
교육현장,
학생과 선생님,
입시 등

교회
성결,
복음전파,
타종교 등

문화
언론, 방송,
인터넷, 예술,
체육, 놀이 등

정치
정치가, 법,
정책, 복지 등

환경
자연,
환경미화원,
의료, 상담, 군인,
경찰, 소방관 등

필요와 기도와 꿈 우리의 이야기

사진을 붙이세요

• 기도문 •

가정 이 땅의 가정들을 예수님의 보혈로 덮습니다. 가정 안에 있는 죄들을 용서해 주시고, 가정의 아픔들을 치유해 주세요. 서로의 연약함을 포근히 안아 주며, 더 사랑하는 가족이 되게 해 주세요. 예수님의 이름으로 기도합니다. 아멘.

경제 이 땅의 경제를 예수님의 보혈로 덮습니다. 돈에 얽힌 우리의 욕심을 용서해 주시고, 경제적인 문제로 상처 입은 이들의 마음을 치유해 주세요. 하나님이 주신 부요를 지혜롭게 나누며 서로를 이롭게 하는 발전이 있게 해 주세요. 예수님의 이름으로 기도합니다. 아멘.

교육 이 땅의 교육을 예수님의 보혈로 덮습니다. 교육현장에서 벌어지고 있는 죄들을 용서해 주시고, 상처 입은 학생들과 선생님들을 치유해 주세요. 우리의 학교가 서로 사랑하며 함께 성장하는 삶의 지혜를 배우는 곳이 되게 해 주세요. 예수님의 이름으로 기도합니다. 아멘.

교회 이 땅의 교회들을 예수님의 보혈로 덮습니다. 아직 예수님을 믿지 않는 이들과 예수님을 주님이라 고백하면서도 예수님의 마음을 닮는 일에 게으른 우리를 용서해 주시고, 온 세상을 예수님의 사랑으로 밝고 따뜻하게 만드는 교회가 되게 해 주세요. 예수님의 이름으로 기도합니다. 아멘.

문화 이 땅의 문화를 예수님의 보혈로 덮습니다. 문화 속에 자리한 모든 죄를 용서해 주시고, 잘못된 문화가 우리에게 미친 영향들을 제해 주세요. 하나님이 주신 소중한 것들로 삶을 아름답고 건강하게 가꿔 주는 문화가 되게 해 주세요. 예수님의 이름으로 기도합니다. 아멘.

정치 이 땅의 정치를 예수님의 보혈로 덮습니다. 정치 속에 깊이 뿌리내린 권력욕을 용서해 주시고, 잘못된 관행들을 고쳐 주세요. 하나님 앞에 정직하고, 이 땅의 모든 이를 존중할 줄 아는 사람에게 우리나라를 맡겨 주세요. 예수님의 이름으로 기도합니다. 아멘.

환경 이 땅의 환경을 예수님의 보혈로 덮습니다. 하나님이 주신 자연과 생명을 소중히 여기지 않은 죄를 용서해 주시고, 상처 입은 자연과 아픈 사람들을 치료해 주세요. 타인을 위해 몸을 아끼지 않고 일하는 분들과 그들의 가족을 보호해 주세요. 예수님의 이름으로 기도합니다. 아멘.

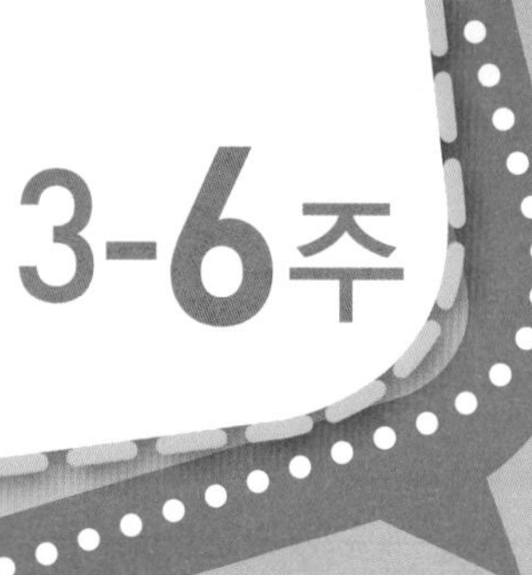

3-6주 꿈을 주신 분 4

______ 과 ______ 에 대하여

여호와 하나님이 이르시되 사람이 혼자 사는 것이 좋지 아니하니
내가 그를 위하여 돕는 배필을 지으리라 하시니라
(창세기 2:18)

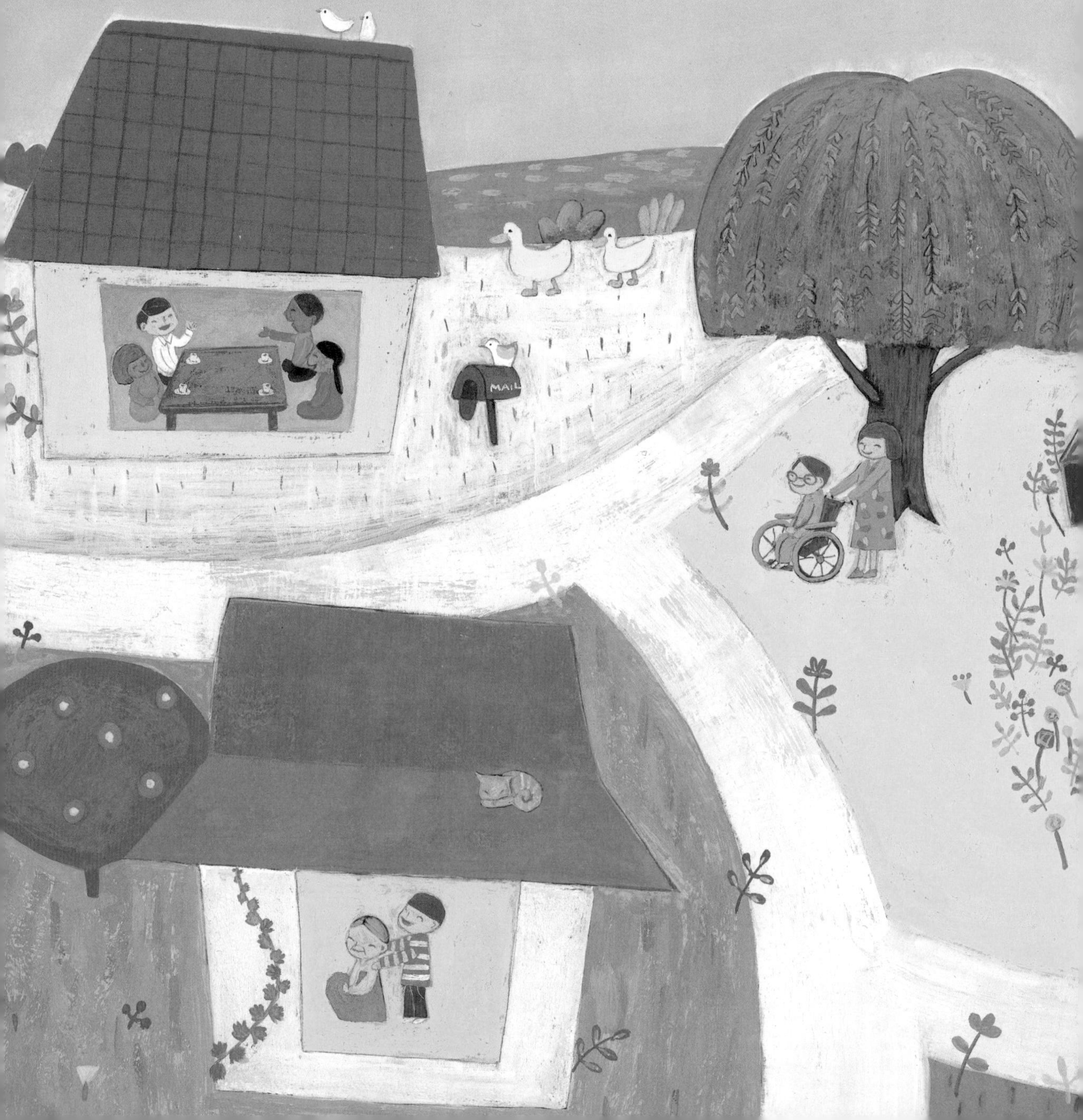

• 공동 기도문 •

예수님,
저희가 이룰 가정을 생각했어요.
아직 먼 일 같고 부끄럽기도 하지만
기도하며 준비할게요.
예수님이 도와주셔야 해요.

제가 먼저 좋은 배우자,
좋은 부모가 되는 꿈을 꾸며
미래의 배우자를 위해 기도할게요.
저희가 각자의 자리에서 자라는 동안
예수님이 잘 돌봐주세요.
안전하도록, 건강하도록,
꿈을 찾도록,
많이 사랑하는 사람이 되도록
도와주세요.

물론 친구와 이웃을 사랑하는 일에도
관심을 가질 거예요.
복음을 전할 수 있는 기회를 주시고,
기회를 주셨을 때 잘 전할 수 있게
도와주세요.
사랑해 주셔서 감사해요.

예수님의 이름으로 기도합니다. 아멘.

3-7주 꿈으로 가는 길 1

그 주인이 이르되 잘하였도다 착하고 충성된 종아
네가 적은 일에 충성하였으매
내가 많은 것을 네게 맡기리니 네 주인의 즐거움에
참여할지어다 하고 (마태복음 25:21)

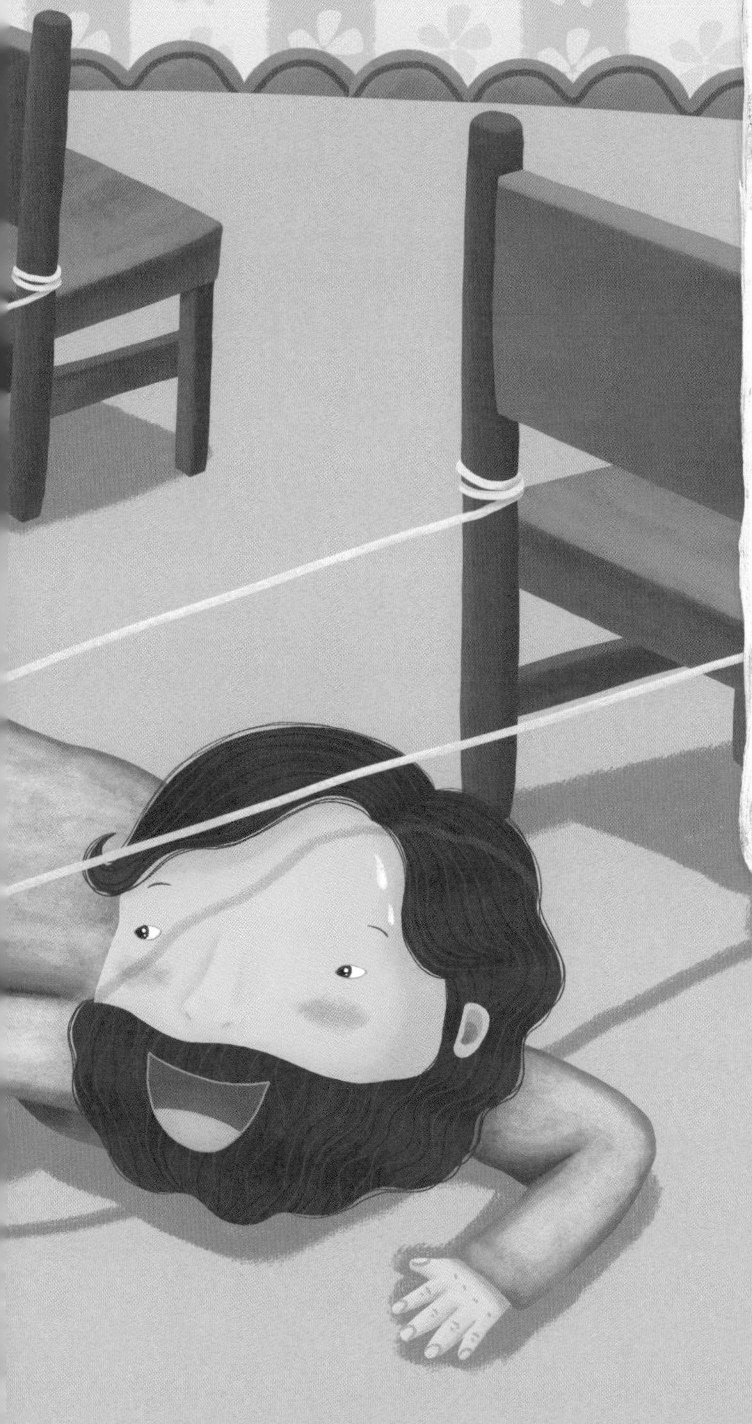

• 공동 기도문 •

예수님,
저희의 몸과 마음과 영혼
모두를 아껴 주셔서 감사해요.

저희의 건강과 태도가
하나님이 주신 꿈에 닿는 데
걸림돌이 되지 않게 잘 돌볼게요.

무엇보다
언제나 우리와 함께하시는
우리를 사랑하시는
좋으신 하나님을 믿을게요.

때로는 실수도 하겠죠?
때론 흔들리고, 넘어지기도 할 거예요.
하지만 물러서지 않을 거예요.

끝까지
좋으신 하나님을 신뢰하고
예수님의 도우심을 믿으며
승리할 거예요.

순간순간 믿음을 더해 주세요.
사랑과 감사를 담아
예수님의 이름으로 기도합니다. 아멘.

건강한 습관에 관한 이야기

우리 몸을 위한 건강한 습관

(1) 입을 즐겁게 하는 음식보다 몸에 좋은 음식 먹기

(2) 일찍 자고 일찍 일어나기

(3) 바른 자세 유지하기

(4) 깨끗하게 씻기

(5) 운동하기

(6)

(7)

우리 마음을 위한 건강한 습관

(1)

(2)

(3)

(4)

(5)

우리 영혼을 위한 건강한 습관

(1) 하나님 사랑하기

(2) 예수님 말씀에 순종하기

(3) 성령님과 함께하기

(4)

(5)

(6)

(7)

술과 담배 권유 거절 연습

거절 연습 대본 종이를 붙이세요

중독 예방 규칙 만들기

☐ 게임 ☐ 스마트폰 ☐ 기타 ______________

*규칙

3-8주

꿈으로 가는 길 2

임금이 대답하여 이르시되
내가 진실로 너희에게 이르노니
너희가 여기 내 형제 중에 지극히
작은 자 하나에게 한 것이
곧 내게 한 것이니라 하시고

(마태복음 25:40)

• 공동 기도문 •

예수님,
24주 동안 감사했어요.
앞으로 감사할 일들이 더 많겠죠?
정말, 진짜, 기대돼요.

소중한 분들과 함께할 수 있어
행복했어요.
예수님 말씀처럼 지금 여기에서
사랑하고 감사함으로 시작할게요.
꿈을 향해! 천국을 향해!

하나님의 자녀라서 행복해요.
하나님의 자녀라서 감사해요.
모든 이가 하나님의 자녀가 될 수 있게
복음을 전하며 이 행복과 감사를
나누겠습니다.

예수님의 이름으로 기도합니다. 아멘.

'하나님의 꿈' 카드와 수료증

"하꿈 카드와 수료증을 붙이세요."

3-1주 활동 3. 하나님의 꿈과 나

3-3주 활동 2. 난 특별해!

VIP

_____ 교회 〈마음 배움〉 _____기

이름 _____

Kingdom of GOD

• 나의 특별한 점 •

1.

2.

3.

3-6주 활동 4. 복음을 전해요

3-6주 활동 4. 복음을 전해요

하나님의
꿈

하나님의
꿈

하나님의
꿈

하나님의
꿈

하나님의
꿈

마음배움

자신의 영향력을 생각하며

책임감 있게 행동하기

언제나 우리와 함께하시는

하나님 신뢰하기

작은 자 하나

에게
사랑 나누기

몸과 마음과 영혼,

건강하게 돌보기

• 수료증 •

이름 :

〈마음 배움〉 전 과정을 수료한
위 어린이를 축복하며
이 증서를 수여합니다.

날짜 :

이끈이 :

지금 여기

에서
시작하기

마음 가꿈
스티커

2-8주

거짓말 바꾸기

의인을 위하여 죽는 자가 쉽지 않고 선인을 위하여 용감히 죽는 자가 혹 있거니와 우리가 아직 죄인 되었을 때에 그리스도께서 우리를 위하여 죽으심으로 하나님께서 우리에 대한 자기의 사랑을 확증하셨느니라 _ 로마서 5:7~8

나는 비천에 처할 줄도 알고 풍부에 처할 줄도 알아 모든 일 곧 배부름과 배고픔과 풍부와 궁핍에도 처할 줄 아는 일체의 비결을 배웠노라 내게 능력 주시는 자 안에서 내가 모든 것을 할 수 있느니라 _ 빌립보서 4:12~13

소년이라도 피곤하며 곤비하며 장정이라도 넘어지며 쓰러지되 오직 여호와를 앙망하는 자는 새 힘을 얻으리니 독수리가 날개치며 올라감 같을 것이요 달음박질하여도 곤비하지 아니하겠고 걸어가도 피곤하지 아니하리로다 _ 이사야 40:30~31

내가 확신하노니 사망이나 생명이나 천사들이나 권세자들이나 현재 일이나 장래 일이나 능력이나 높음이나 깊음이나 다른 어떤 피조물이라도 우리를 우리 주 그리스도 예수 안에 있는 하나님의 사랑에서 끊을 수 없으리라 _ 로마서 8:38~39

하나님이여 주의 생각이 내게 어찌 그리 보배로우신지요 그 수가 어찌 그리 많은지요 내가 세려고 할지라도 그 수가 모래보다 많도소이다 내가 깰 때에도 여전히 주와 함께 있나이다 _ 시편 139:17~18